16.80

Ein frohes Fest im Hasennest

© Alfred Hahn's Verlag
Esslinger Verlag J. F. Schreiber · Esslingen, Wien.
Anschrift: Postfach 10 03 25, 73703 Esslingen.
Alle Rechte vorbehalten. (14434)
ISBN 3-87286-054-2

Ein frohes Fest im Hasennest

Ein lustiges Osterhasenbuch

Verse von Adolf Holst   Bilder von Ernst Kutzer

ALFRED HAHN'S VERLAG · ESSLINGEN, vormals Leipzig

Das weiß heut' jedes Vogelnest:
Beim Osterhasen gibt's ein Fest!
Denn grade heut' vor fünfzig Jahren
ist ihm das Wunder widerfahren,
daß er voll Stolz und frohbewegt
sein *erstes Osterei* gelegt –
das erste von so vielen Eiern!
Solch Jubiläum muß man feiern
mit Sang und Klang, mit Spiel und Tanz,
mit Tafelschmaus und Lorbeerkranz,
daß aller Welt wird offenbar:
Der Osterhas ist Jubilar!

Wie fröhlich nun das Fest gewesen,
könnt ihr in diesem Buche lesen
und draus erkennen andachtsvoll,
wie das Verdienst man ehren soll.

Noch liegt die Welt in Schlaf und Traum –
da rührt sich's leis um Strauch und Baum,
und heimlich schleicht es über'n Rasen
zum Ständchen für den Osterhasen.
Das ist der Waldposaunenchor
„Tschingbumdara" am Gartentor.
Als nun das erste Sonnenlicht
durch Dämmerdunst und Nebel bricht
und in den Fensterscheiben brennt,
erhebt den Stab der Dirigent,
und schmetternd über Berg und Tal
erbraust der Morgen-Festchoral
mit Paukenschlag und Hörnerblasen:
„Heil unserm teuren Osterhasen!"
Ergriffen lauscht der Jubilar
und winkt gerührt der Künstlerschar.

Wo solch ein Fest das Herz erfreut,
geziemt sich auch ein Feierkleid.
Drum wirft man, kaum entschlüpft dem Bette,
sich stolz in große Toilette
und schaut, vom Spiegel unterstützt,
ob alles schön und sauber sitzt.
Kommt man auch manchmal ins Gedränge,
weil Frack und Kragen reichlich enge,
und ruft auch keck der Kinder Chor:
„Mutti, dein Unterrock guckt vor!"
– zum Ziele führt Beharrlichkeit,
und endlich ist man dann so weit.

Gedeckt ist schon der Festtagstisch,
und alle Häslein freuen sich
und sagen tapfer, Mann für Mann,
ihr wohlgelerntes Sprüchlein an.
Auch Sträußlein gibt es, selbstgepflückte,
und Morgenschuhe, bunt gestickte,
ein Sammetkäppchen, wunderhold,
mit einer „50", ganz aus Gold!

Da wischt der gute Osterhase
zwei Tränen sich von seiner Nase,
und auch die Mutter ist gerührt,
da sie der Häslein Liebe spürt.
Doch ist die Rührung dann vorbei,
geht's lustig an die Schmauserei.

Wie glücklich, wenn zu solcher Stunde
vereint sich die Familienrunde
– ohn' alle Sorgen und Verdruß –
zu Festesfreude und Genuß!

Drum auch verbindlich lächelnd naht
Hinz Schnurrmurr mit dem Apparat,
und, tief vom Augenblick erfüllt,
verewigt er das traute Bild.
Im Mittelpunkt das Elternpaar:
Frau Häsin mit dem Jubilar!
Die Kindlein dann, vor Wonne stumm,
im Kreise malerisch drum 'rum.
Dann ruft Schnurrmurr: „Seht alle her!
Recht freundlich, bitte! – Danke sehr!"

Kaum ist der Knipser aus der Tür,
und alles krabbelt froh herfür,
da tritt, befrackt, schon nicht mehr jung
herein die Hasen-Abordnung
und überreicht mit Eleganz
Glückwunschadreß' und Lorbeerkranz.
Dann ruft der Sprecher mit Gefühl:
„Weil du erfüllt dein Lebensziel
und fünfzig Jahre unentwegt
der Welt ihr Osterei gelegt,
so daß wir wohl mit Recht dich können
den Stolz des Hasenvolkes nennen,
verleih' ich dir zu neuer Kraft
die Hasen-Ehrenmitgliedschaft!"

Wie sie noch so beisammen stehn,
hört man's laut gackern, scharrn und krähn,
und, farbenprächtig angetan,
stolziert herein der Gockelhahn
und hinter ihm, höchst dienstbeflissen,
drei Ehrenhennen mit dem Kissen.
Und sieh – ein goldnes Hühnerei,
mit Edelschmuck und Malerei,
hängt Gockel vor dem Publikum
gerührt dem Osterhasen um!
„Dies ist der höchste Hühnerorden,
der keinem noch zuteil geworden;
dir aber sei er heut' verliehn
für all dein Wirken und Bemühn!
So trage ihn zu Nutz und Ehr'
und lege weiter, wie bisher!"

Jetzt geht es aber Schlag auf Schlag.
Den lieben, langen Vormittag
kommt alles froh hereinmarschiert,
bringt Gaben dar und gratuliert:
Eichhörnchen kommt mit seiner Frau,
es kommt der Dachs aus seinem Bau,
die Eule an dem Arm vom Specht
– sie sieht bei Tag bekanntlich schlecht –,
aus grünem Grund das Laubfroschpaar,
der Klapperstorch, Freund Adebar.
Zur Vorsicht wünscht auch Glück und Heil
die Feuerwehr mit Helm und Beil.

Ja, schließlich nahn als Gratulanten
aus ferner Stadt die Anverwandten
und stiften fürs gemeine Wohl
Zigarren, Wein und Blumenkohl.

Nach so viel Freuden fürs Gemüt
regt sich bei allen Appetit,
drum nimmt auch schmunzelnd jedermann
das angebotne Frühstück an.
Man widmet sich voll Emsigkeit
dem Leckren, was die Tafel beut.
Die Wirte gehen hin und her
und lächeln hold und nöt'gen sehr,
daß man das Trinken nicht vergißt,
weil das zum Feste nötig ist.

Doch mitten zwischen Trunk und Schmaus
fliegt's rastlos immer ein und aus:
Brieftauben sind's auf raschen Schwingen,
die Glückwunschtelegramme bringen.
Denn wer nicht selbst erscheinen kann,
bringt so doch seinen Glückwunsch an.
Vom Himmel gar Christkindlein schrieb:
„Mein Osterhas, ich hab' dich lieb!
Und wird erst wieder Weihnacht sein,
kehr' ich gewiß mal bei dir ein."

Noch stehn sie alle wie im Traum
und seh'n sich an und fassen's kaum,
da macht's schon wieder klinglingling,
und vor der Tür am Glockenring
steht Vetter Fuchs mit schiefem Blick
und zwinkert: „Auch ich wünsche Glück!
Zum Zeichen dessen, alter Knabe,
und weil ich gar so lieb dich habe,
gelobe ich – auf Fuchsenehr' –:
Ich fresse keine Hasen mehr!"

Da gibt es gleich ein groß' Hallo!
Denn alle Hasen sind nun froh.
Nur Osterhasen-Mutter spricht:
„Dem alten Schleicher trau' ich nicht."

Doch in ihr Warnen und Bedenken
naht man schon wieder mit Geschenken
aus Wald und Feld, geschmückt aufs beste
zum Osterhasen-Ehrenfeste:
Die Käfer, Moos- und Wurzelmännchen
mit Blumentopf und Maitrank-Kännchen,
die Schmetterlinge und die Bienen
mit Honigtopf und frohen Mienen,
und plötzlich – alles schreit „Hurra! –
der Onkel Strauß aus Afrika!"
„Ja," spricht er und verneigt sich tief,
„mein Herz mich nach Europa rief!"
und überreicht graziös dabei
ein riesengroßes Osterei.

Noch staunt ergriffen jedermann
dies Wunderwerk der Schöpfung an,
da kommt's mit Heissa und Juchhe
gepurzelt von der Waldeshöh'!

Das sind die lust'gen Wichtelleute,
die wollen auch nicht fehlen heute,
und rumpelnd schleppen sie herbei
den Wagen mit dem Wunderei.

Das Wunderei – o welche Pracht! –
aus Gold und Silber ist's gemacht,
geziert mit Kranz und Zackenrand
aus Perlentau und Diamant!

Und plötzlich aus dem Ei hervor
schwebt blütenzart ein Elfenchor,
und hold verschlungen – Paar um Paar –
umtanzen sie den Jubilar.
Sie singen süße Melodei
von Hasenglück und Osterei
und kränzen endlich zärtlich ihn
mit Veilchen blau und Rosmarin.

Zum Schluß beschenken um die Wette
mit Farbentopf und Tuschpalette
die Blumenkinder glückumstrahlt
den Meister, der so prächtig malt.
Da bricht alsbald bei klein und groß
ein ungeheurer Jubel los,
daß von dem donnernden Applaus
erbebt das ganze Hasenhaus.

Jetzt hebt sich mit bekränztem Haar
von seinem Sitz der Jubilar
und ruft in all das Vivat-Schrei'n:
„Ich lade euch zum Festmahl ein!
Doch daß für alle Platz und Raum,
folgt mir nun in den „Grünen Baum"!
Dort wartet schon, gedeckt aufs beste,
der Tisch für meine lieben Gäste.
Und daß der Frohsinn nicht erlahme,
nimmt jeder Herr sich eine Dame
und führt sie sorglich und galant,
wo er für sie ein Plätzchen fand."
Drauf reicht er, schon vom Trubel warm,
der teuren Gattin seinen Arm,
und hinter beiden ordnet sich
der Festzug, froh und feierlich.
Der Gockel führt graziös Frau Gans,
Herr Fink das Fräulein Seidenschwanz,
der Laubfrosch eine Haselmaus,
Frau Störchin geht mit Onkel Strauß,
und köstlich unterhalten sich
Frau Gackel und Herr Schnatterich.
Jed's Wichtlein wandert froh geschwind
mit einem süßen Elfenkind –
und so die lange, lange Reih',
bis auch das letzte Paar vorbei.
Im „Grünen Baum" ist schon zur Stelle
die altbewährte Hauskapelle,
und bei dem ersten Geigenstrich
setzt alles sich vergnügt zu Tisch.

Wer könnte selbst in kühnsten Bildern
die Freuden dieser Tafel schildern,
und was bis spät ins Abendrot
das Fest noch an Genüssen bot!
Da tanzten einen Ringelreih'n
die Hasen-Enkelkinderlein,
dazwischen sang mit süßem Schall
ein Solo die Frau Nachtigall,
und schließlich trug der Männerchor
„Quakonia" drei Lieder vor.
Die Festtagsrede aber hielt
– wobei er mächtig sich gefühlt,
weil aller Augen auf ihn sah'n –
der Hühner Stolz, Herr Gockelhahn.
Doch auch Herr Dachs tat sich erheben
und ließ die Osterhäsin leben,
und schließlich brachte Onkel Strauß
ein Hoch auf alle Damen aus.

Jetzt aber schlug auch an sein Glas
– klinglingklingling – der Osterhas,
und alles lauschte mäuschenstill,
zu hören, was er sagen will.

„Ihr lieben Freunde," er begann,
„ein tief' Beschämen faßt mich an,
wenn ich bei mir so überdenke
die Ehren und die Festgeschenke
samt Lorbeerkranz und Hühnerorden,
die heute mir zuteil geworden!
Denn, was ich tat die fünfzig Jahr',
ja nichts als Pflichterfüllung war,
und wenn sie gute Früchte trug,
so ist das Lohn für mich genug.
Nun aber bin ich müd' und alt!
Ich sehne mich nach Ruhe bald,

*und als zu große Lebensbürde
fühl' ich die Osterhasenwürde.
Für dieses Amt, und was es schafft,
braucht's eine volle Jugendkraft
und einen kerngesunden Mann,
denn – Eierlegen, das strengt an!"*

Hier nickten stolz voll Anerkennen und auch der Hahn, um sie zu ehren,
sehr würdig die drei Ehrenhennen, ließ ein vernehmlich „Bravo!" hören.

*„Drum, liebe Freunde – unverdrossen –,
hab' ich mich heut' dazu entschlossen,
den altererbten Eier-Segen
auf meines Sohnes Haupt zu legen,
daß er mein Werk – wie sich's gebührt –
zum Wohl der Menschheit weiterführt!*

*So tritt herzu, mein Erstgeborner,
zum Osterhasen Auserkorner,
und nimm aus deines Vaters Hand,
was dir das Schicksal zuerkannt!
Mit diesem Streiche, ritterlich,
schlag' ich zum Osterhasen dich!"*

So ging das schöne Fest zu Ende,
und alle hoben froh die Hände
und schwuren Treu' nach altem Brauch
dem neuen Osterhasen auch.

Dann zog mit frohem Lied und Reim
der Schwarm der Gäste wieder heim,
und mancher tapfre Wandersmann
hielt weise sich am Nachbar an.
Denn war auch alles gut beim Feste,
der Erdbeerwein war doch das Beste
und wurde darum nicht geschont –
doch jeder ist das nicht gewohnt.

So ging noch alles glatt und gut,
ein jeder war voll Übermut,
Glühwürmchen trugen Fackeln vor,
ein Marschlied sang der Männerchor,
ja, selbst die Wichtel stimmten ein,
wenn auch nicht schön und nicht ganz rein.

Kopfschüttelnd sah der gute Mond
auf all das Treiben ungewohnt.

In seinem Lehnstuhl aber saß
indes der alte Osterhas
und hörte noch das letzte Singen
gerührt im Frühlingswald verklingen.
Dann setzt' er nach des Tages Lauf
sich froh sein Sammetkäppchen auf,
zog an die buntgestickten Schuh'
und sprach: „Gottlob, jetzt hab' ich Ruh!"